©사진촬영_ 박상철

김만수

바닷가 부족들

애지시선 050

바닷가 부족들

2013년 8월 29일 초판 1쇄 발행

지은이 김만수
펴낸이 윤영진
편 집 함순례
디자인 함광일 이경훈
홍 보 한천규
펴낸곳 도서출판 애지
등록 제 2005-5호
주소 300 -812 대전광역시 동구 삼성동 125-2 4층
전화 042 637 9942
팩스 042 635 9941
전자우편 ejiweb@hanmail.net

ISBN 978-89-92219-45-7 03810

애지시선050

바닷가 부족들

김만수 시집

□ 시인의 말

매일 새벽 푸른 물자락을 젖히며
얇은 내 숲을 열러 오신다 아버지
그가 낳은 알이 숲의 가장자리에
바닷가 부족들과 함께 살아있기 때문이다

많은 날들을
바다 뒤에 숨어 중얼거리고 웅성거리느라
고 푸르고 맑은 것들과 눈 맞추지 못했다 나는
다시 숲을 일으켜 세우고 물가에 내려선다

등 푸른 고등어로 살다 가신 아버지께
이 시집을 바친다

2013년 여름, 설머리에서
김 만 수

차례

제2부 동피랑

제3부 여남 바다

제4부 커피방앗간

제1부
소포

소포

그를 점령하고 있는 시간이 기울고 있다
흔들리며 다가오고 멀어지던 것들이
정물로 굳어지며
초점을 하나씩 품고 선명해졌다
그의 소유는 빈약하고
구름나무에 걸려있던 소품들은
자주 새들의 몫이었다

한 번도 우체국에 들지 않았다는 그도
점점 통증이 휘발된 정물로 굳어지고 포장되어
푸른 잉크 스탬프를 맞고
먼 소포가 되어
부쳐지고 말 것이다

더 가벼워지려는 건지
자꾸 눈을 껌벅여 결박을 푸는
그를 내려다본다

오래된 물통

거침없이 잘라낸 뒤
무기력하게 모든 걸 잃어버리기 전
지퍼를 열고 아버지는 저장되었다
어떤 소리도 들리지 않았고
정체된 시간 속을 걸어갈 뿐이었다
겨울이 너무 춥고 길었다
가운들은 물통을 굴리며 깊은 겨울의 계곡을
차갑게 걸어들고 있었다
하루에 두 번씩
많은 것들이 잘려나간 빈 곳에
소리 없이 소금물이 채워지고
빠져나가는 걸 관찰하고 나왔다

자국눈 내리는 저녁
하늘색 마스크가 다시
통을 기울이고 있다

일원동 1

그들은 기가 질려 바로 걷기 시작했다
간신히 움직이며 최선을 다하는 사람들이
말없이 몸으로 돌아가는 시간은
매우 규칙적이고 일사불란했다
반짝이는 문과 벽이 일정한 간격으로 짜 맞춰진 길
링거 지지대에 비닐 물주머니 몇 달고
긴 통로를 걸어 나갔다
회랑은 잠시 출렁거리다 잠잠해졌다
평생 걸어온 빗속의 길을 보고 있었다 그는
저쪽 폭우가 적시는 들녘 한쪽을 잡고
사라지는 물안개 같은 것을 보고 있었다
그도 가만히 아버지라고 불러보고 싶었는지 모른다
더 굽이진 등짝이 간신히 가린 창문을 넘어
별 싸라기 한 줌
소리 없이 내려오고 있었다

일원동 2

아무도 그 짧은 시간을 이겨내지 못하고
차가운 그늘처럼 가만히 창가에 붙어서곤 했다
창밖 숲속에는 한 마리 새 날지 않고
푸른 불을 돌리며 연신
마차들이 와 닿았다
여기서는 매일 아침 사각형으로 열렸다가 조각나버리는
숲의 아침을
그냥 바라볼 뿐이다
그의 갑옷이 해체된 지 열흘째다
물주머니 몇 개씩 달고
다시 초승에서 그믐을 향해
같은 방향으로 낭하를 돌고 있는
숲정이 사람들
그 통로를 다 빠져나가지 못하고 멈추는 사람도 있고
엎어져 마른 숲이 되는 이들도 있었다
그렇게 매일 매일 처음 오는 아침 숲을
간절히 바라보다

돌려보내곤 하셨다 아버지

고등어

수심 10미터가 그들의 길이다
길이 물고 물리며 호미곶을 지난다

고요하다 고요하다

아버지는 푸른 고등어였다
늘 그만큼의 깊이에서 자전거를 밟은
등 푸른 인민으로 살았다
봄이 와도 부상하지 않았고 한결같이
간이 잘 베인 살갗과
구수한 등골이 해체되곤 했다

지난겨울 그의 별 서쪽 바다 가생이
속 물살가르며
패달을 밟고 가는 그를 보았다

고요하고 고요한

샛강

그를 부축해 오줌을 뉜다
뽀글뽀글 부풀던 하얀 꽃잎들이 정지해 있다
그의 몸속 어디에 저리
고요한 꽃무리들이 접혀 있었을까
납작 엎드려 뿌리 내리지 못하는
부레옥잠처럼

그를 이완시켜온 시간들
더 이상 붙잡지 못할 겨울이 깊어지고 있다
몰려가지 못한 꽃잎들이
맴돌고 있는 물 가
차가운 노을이 어스레하다

평생을 저 꽈리 같은 물방울들 속에 갇혀
빙빙 떠돌다 가는 그를 본다

11월

그의 낡은 집에 비누칠을 한다
지붕 높이의 쓸쓸한 숲에는 새들이 없고
삐걱이는 기둥과 판자의 구멍마다
하늘로 통하는 작은 길이 열려 있었다
고통이 집중되는 곳에조차
그는 거기 없었다

낙엽 몇 장 마당에 굴러들었으나
어떤 반응도 없었다
가벼워지려는 건지
오랜 흙집의 무게를 줄여나가려는 건지
숭숭한 구멍들이 늘어난 집은
조용하고 감감하게 뚫린 곳마다 바람을 끌어당기고 있었다
줄곧 빈 집에 수분을 공급해 주고
피곤한 기둥들과 처마를 눕혀 따스한
가을빛을 얹어주지만

금방 결빙되거나 휘발될 뿐이었다

푸른 바다 뒤 등기된 그의 집
마지막 봄을 기다리는
비눗방울 속
낡은 집 한 채
아버지

연애

이 별의 폭신하고 몰랑몰랑한 거처를 버리고
간들간들한 난간에서 우리 만나
아슬한 꼭지에 마주보며 쪼그려 앉다니요
붉고 살가운 시간들이 있긴 있었지요
그대의 별 모서리 나무마다
촘촘이 돋는 푸른 열매들 넘쳤습니다

거느린 그늘도 없이
차가운 바닥에서 사랑을 받아낸
그대는
사랑한다 사랑한다는 말만
딱지처럼 가슴에 붙여주고
하필이면 나에게 숨길 터 주신 날
아침 산을 넘으시는지요

소포 2

문을 다 걸어 닫지 못하는 그녀
해질녘 골목 안으로 몰리는 낭자한 바람 속으로
오랫동안 그와 살면서 매달아 두었던 바람 무늬를
하나하나 끄집어내 그의 혹성으로 돌려보내고 있다
아직 벽장 속 차곡차곡 쌓여 있는 그를
그의 목각 오리며 쇠톱이며
지친 봄을 품고 건넜던 낡은 경전이며
잘 접힌 판초우의며 녹슨 재크나이프며
토끼 교미 날짜가 적힌 공책이며
몇 개의 오토바이 열쇠에 매달린 그 날쌘 바람의 문양
들을
그가 다 챙겨가지 못한 시린 기포방울을
매일 저녁 골목을 열어
낮게 드리운 노을자락에
얹어 보내고 있다 어머니

주민센터에서

그를 지우는 일은 어렵지 않았다
납작하게 저장된 그는
몇 가지가 말소되고
다시 등재되어
없는 그가 되어 집으로 돌아왔다

어선 모양의 주민센터에서
입력되고 프린트 되는 사람들
물고기 눈을 한 사람들이
펄렁거리는 비늘을 쓸어안고 들어오고
피곤한 지느러미의 항해 기록을 확인하고
출력되고 있는 센터에서
물결치는 낮은 곳으로
헤엄쳐 간 그를
몇 장
옆에 끼고 돌아왔다

발

난간 바깥까지 삐져나간 발
동짓달 달빛길을 걷고 있다
또 얼마를 더 걷고자 하는 걸까
긴 회랑을 지나 어둠이 파동 쳐오는 곳으로
음습한 그의 별을 짊어지고
자꾸 어디로 가고 있는 것일까
푸른 산소가 더 남아있지 않은 그
더 부기할게 남아있지 않은 빛바랜 장부를
주섬주섬 챙겨들고
차갑게 결빙되어가는 가을 목책을 넘어
그의 발은 자꾸
어디로 건너가고 있는 걸까

뻰찌

누운 채 길게 걸려있다
평생 아껴온 숨소리를 또 재고 있는 걸까
유리 상자 속 그는 말이 없다
다시 태어나도 나사와 뻰찌를 들겠다고 한
헌털뱅이 사내
세상의 구석이 헐고 헐렁해진 거기
자주 붉은 뻰찌를 들이대곤 했다
이제 그 뻰찌와 나사로 당신을 일으켜 세우지 못하는
여기 모니터 속
알 수 없는 점과 선들이 모였다 흩어지는
가을빛 번지는 창밖으로
흘러가지 못하는 상자 속에서
가만히 눈 감고 누워
녹슨 나사를 또 돌리고 있다 아버지

바둑

평생 가중나무 아래서 둔
한 판 바둑

모래집 한 채 달랑 얹어놓고 아버지
계가計家를 하신다
언뜻 보기엔 덤은 나올 듯했지만
계가를 마친 그의 얼굴에는
짙은 황사가 스치고
쿨렁거리며
한 알 한 알 복기復棋를 하신다
중원으로 나가지 못한 그의 바둑알
늘 우 하변 후미진 곳에 몇 칸 돌집을 이루고
몇 채 집을 지키다 만
그의 바둑
차가운 겨울 서쪽 마당가에 다시
쪼그리고 앉아 포석을 하시려나
며칠을 더 견디고 있다

하모니카

저무는 숲실바다로 날리어 간
하모니카 소리가 돌아오곤 했다
요 며칠 전부터의 일이다
어릴 적
어링불로 불리어가던 그 소리에는
뜨거운 그늘이 있어 저물녘
동쪽으로 길어지곤 했다

오늘 다시
소리 그늘이 노을 속으로 길어지는 걸 본다
아버지 불다 가신
바람 칸이 무너진 영창 하모니카
놀랍게도 봄바람 속
굴러오는 그 소리를 듣는다

옛날의금잔디동산에메기같이앉아서놀던곳

노을 지는 강 하구에 앉아
서쪽 포구로 먼저 간다고
먼저 가서 거기 소금 고방 근처에
얼쩡거리고 있으리라고
거친 숨 넣고 빼며 부셨던
그 하모니카 소리 오늘 다시 듣는다

자정, 메디컬 센터

파란 불을 돌리며 와 닿은 조용한 잔등에는
반 쯤 길이 지워지고 있었다
생의 기록과 흔적들이 감감해지는
그에게 가을밤은 빠르게 해체되어 갔다
벗은 발은 세상을 향해 뻗어있고
머리에 아직 영혼이 머물러 있다고 믿는
가운들이 바쁘게 그의 부속들을 점검하고 있다

오늘 밤도 아버지는 통 속에 가만히 걸려있고
응급센터 옆 외래수납 창구 앞에서 나는
괜히 다리를 절며
계란 하나를 깠다

링거 지지대를 밀며
없는 발목들 몇 어울려
담배를 빼 물고 나가고 있다
열리지 않는 문을 열고

닫힌 세상의 문을 밀치고
풍경 밖으로 나가고 있다
목발들

제2부

동피랑

고라니

고라니고라니고라니
고라니라고 중얼거리다보면 보인다
보현산 참새미
굴러오는 물방울 더미

저쪽 고구마밭머리 멀뚱하니 선 채
먼 하늘
아득히 따라가는
눈 맑은 수수꽃다리 너

보급투쟁 내려온
어린 파르티잔 같다

담

아버지 평생 담을 쌓아 올리는 동안
세상 끄트머리에는 자주 격문이 나붙었다
마루 끝에 발 곧추세워
왕조를 넘어 온
거친 바람의 길을 보았다
따라갈 수 없는 새벽마다 발이 잘리고
바람이 더 세게 다가왔다 스러져가고
잘린 발목이 쌓이던 뒤란에는
촘촘히 붉은 울타리 꽃
명자나무 시린 눈물방울이 피었다 지곤 했다

그 아래서
아령 들며 키를 키운 형은
어느 봄 여자의 담장이 되어 떠나고 나는
해마다 낮아지던 그 가지에 올라
붉은 구호가 팔랑거리는
알록달록한 세상의 하체를 보았다 깊고 높았다

담은 자꾸 낮아져
해체되어 갔고
담을 넘어오던 울렁증, 그 바람주머니와
새들이 찍고 가는 울음의 무늬들이
무너진 흔적 위에 일어서고
열리지 않는 길이 자욱하게 일어서 다가왔다

어디로도 돌아갈 수 없는 길 위로 다시
야트막한 담이 자라나고 있었다

동녀童女

— 여울이

차갑고 낡은 등걸에 몸 맡기고
삶의 온기를 뽑아주는 어린 나비
몸속 깊이 감아온 실타래 가만히 풀어
낡고 싸늘한 나무의 품을 맑은 살내로 친친 감아주고
차가운 젖 몸으로 새벽을 헤쳐 나오는
나비 한 마리

온 몸이 부어올라
어혈과 독이 퍼지는 섶을 여미고
찢긴 죽지를 쓸어안고 우느냐
나루로 내려가는 노새를
달랑거리는 그 놋종소리를
푸르른 강가를 찌르는 물총새 울음소리를
따라 가거라
거기 환한 빛 타래 내리는
그리운 유목의 마을이 있어 따뜻한
별들에게로 가는 통로가 열릴 것이니

북한강

안개는 제법 긴 문장을 쓰고 있다

운문韻文같이 살다가고 싶다던 여자
더미더미 발목을 삐는 고단한 생애가 붙어 다닌다
새벽마다 피어올라
깊이 번지는 미명의 통증에 젖어
강심 깊이 긴 문장을 써내리는 그녀
미루나무 이파리에 잠시 머물다 떠나는
흔적 없이 사라져버리는 어둠의 태반들
그 길고 막막한 언어들 밀어내며 살아가는 그녀의
몸짓이 짧고 차가운 문장일까
꿈꾸던 사랑과 혁명과 구원이
신명한 불꽃으로 다오르던
강 언덕에서
아직도 막막하고 질긴 문장을 떼어내며
간절히 낡은 묵주를 넘기고 있다

깃발횟집

형은 왜 깃발이라는 말을 횟집 앞에 붙였을까
바짓가랑이 휘날리며 오라는 말인가
축항 끝머리 얼쩡대는 버린 개들을 부르는 신호인가
옥상 가대에 빈 깃대라도 하나 꽂아놓지
형은 왜 그의 가슴 속에 물결쳐 오는
깃발을 횟집 이름으로 썼을까

오늘은 파도가 높다
형이 든 깃발은 작고 좁지만
소리를 가득 품고 있어서
바람 부는 날이면
세차게 세상을 치는 소리가 난다

설머리 여밭에 물이 넘으면
어통소 앞 배를 끌어 올리고
몇몇은 내항으로 배를 맡기러 가는 동안
바람을 모아 다시 깃발을 만들어 내다 거는 집

깃발들이 끝없이 물결쳐 오고 몰려가는

방파제 앞 그 집

동피랑

뎁힌 정종 같은 비 내린다
빈 터를 메우며 담장을 넘어오는
울렁이는 봄을 본다

해마다 꺾어내 던진 불온한 통증들
남쪽 포구 어디쯤 서성이다 사그라질 것이라 생각했던 것들
젖지 않고 부서지지 않는
푸른 창날이 되어
핑핑 올라와 골목마다 박혀있다

출구 쪽이 높은 자루 같은 집들이 매달려 있고
꽃들이 담벼락에 납작 엎드려 있다
굽이진 회랑을 올라와
마을을 채우며 사람들이 돌아와
젖은 꽃잎을 끌어당겨 덮고 잠들고 있다

목 짧은 양말 한 쪽
미완의 그림 속으로 걸어들고 있다
어둠이 베인 불빛 하나 따라 들어가고 있다
골목 안쪽으로 찰방 빗물이 튄다

자꾸 따라가며 내리는 비
서늘한 잔해처럼
색깔 그늘을 조금씩
확장시키고 있다

반포나루

곡선 위에서 눈 뜨는 흙
아득히 멀고 둥근 두근거림 위에 살아있는
그녀의 흙

기슭을 타고 내려오는 소소리 바람
아롱아롱 건너오는 자잔한 떨림과 짧은 신호음들
가열되는 예감으로
봄을 기다리는 여자

비바람에 흩어지지 않는 흙을 쥐고
그녀가 기다리는 것은
버스를 기다리는 사람들*이다
겨울을 건너고
붉은 신호를 날리는 나뭇가지 끝자리들과
남한강 봄소식을 물고 오는
봄 강물버스를 기다리는 사람들이다
하얀 가방을 들고 서서

가랑눈 밀며 다가오는 투명한 날개를
아치랑거리며 다가서는 나비 떼를
기다리는 사람들이다

* 전종분의 테라코타. 57×30×31㎝

4월 경주

여왕은 울주를 바라보며 말이 없고
기차를 세우지 못한 시종侍從들
낭산 올라와
차가운 밥을 먹고 있다

그녀에게도
울컥 울컥 달려오던 사월길이 있었지
참꽃더미 무너져 드는 길
왕도 밖의 길
여자의 바다로 가는 길을
냉이 꽃 피는 언덕길을 내려가고 싶었지

뒷등 너머 능
아버지 진평의 집이 붙들고 선 들녘으로
뿌연 봄이 지나는 길 위로
기적 소리 자근 물고
낮달이 가고 있다

미실도 월명도 타고 떠난
바다로 가는 기차
미칠 것 같은 사랑이 떠나는 4월 플랫폼에서
사르랑 지는 꽃들을 따라가고 싶었지

사천왕사 빈 터
구름 역사驛舍 개찰구 밖으로
냉잇대가 또 쇠고 있다

통

오래되었다 그 통
해마다 꽃들이 떠나던 통로쪽이 낮아지고
좁게 열리던 출구 쪽에서
새들이 걸어서 돌아오곤 한 지

오래되었다
바람이 들고 가지가 부러지고
점점 차가워져
치열했던 경계가 지워지고 둥글어져
서늘한 질량들이 치고 들어온 지

기울이면 쏟아져 내릴 것들이
간신히 등을 붙이고 있다
아직 딱지와 함께 붙어있다
그 통 속에서 잠들기도 하고
모서리를 안으로 찌그러뜨리기도 하면서
통을 기다리다 통을 만들기도 하며

아침마다 통이 되어 굴렀다

비집고 들어서는 알록달록한 균들과 달빛기타 소리가
오랫동안 간절히 머물곤 했다
그 속은 습기가 번지고 청춘의 등고선이
가을바다로 빠져나간 지 오래되었다
누군가 손뼉을 치며 통을 굴리기 시작한다
어지럼증이 뻗히고
남은 꽃들이 구르고 곤두박질치며
아직 꼬옥 붙어 덜렁거리는 것들이 있다

가을 저녁

그 숲의 빈 곳은 가만히 화려하다
잔잔히 흔들리기도 하고
지독한 남루를 껴입고 비에 젖기도 하면서
차가운 경계의 저편에 끼어드는
시린 욕망의 바다를 건너 바람처럼 와 닿는 새
눈 속의 새를 날려 보내는 숲에서
가슴 속 블라인드를 내리고
섶을 여미고 불을 끄는 그녀

솟대에 걸리던 구름 그림자
파동 쳐오는 징소리를 실은 발굽과 바퀴들이
햇살 속으로 멀어져갔다
다시 차가움이 뻗치는 마을을 향해
길이었던 길을 오르고 있다
간절히 빈 곳은 스러지지 않을 것이다
한 번도 채우지 않았으므로
꽃 피지 않았고

없는 꽃들의 그림자들이
빈 사서함에 가득 차오르는 저녁
슬며시 소매에 따라붙는
시린 바람 한 떼를 바라보고 있다

겨울 불영사

겨울 마당귀를 도는 그녀들
근처럼 박힌 불꽃 혹은
잔존 부력을 털어내고 있다
잔설 그림자 자박이며
메우지 못한 가슴 우물을
거기 말라붙은 지분 냄새를 지워내고 있다

찔러오던 홍매 향도
담을 타고 기어들던
능소화 짓무른 화농도 뜯어내며
천축산 깊은 그늘화엄 속으로 걸어들고 있다

춘양 가는 버스
붉은 소나무 위로 지나고
청설모 눈알들 목어 눈 속으로 굴러드는
겨울 불영사
우련히 붉고 몰랑몰랑한 석탑들이

늦은 마당을 돌고 또 돌고 있다

상좌스님 손 안으로 내리는
싸락눈
가만히 꿇어앉는
저녁 숲 그늘

3월 소공원

질 나쁜 연애와 미뤄진 개화
새벽녘 캔커피 떨어지는 자판기
재발신 문자 서비스 한 움큼
그들의 없는 출구가
계단마다 자욱이 열려있다

거짓은 가장 가까이서 태연하고
공갈 사탕은 벽을 뚫고 아스팔트 위를 굴러오지

틈새마다 따끔따끔하게 일어서서 지워지지 않는
휙휙 지나갔다가 돌아오는 고통의 기록들
꽃들이 몸 뒤집어
푸른 수액으로 돌아가는 소리가
요즘은 너무 가까이 있다

자꾸 일어서는 물결 위로
저녁 새들은 머리를 처박고

비보이들은 훽훽
뒤로 날아오르고 있다

발치拔齒

불자동차가 지나고 동네 개 몇 마리 따라 뛴다
내 첫니들 무너질 때도 그랬다

나를 꿰뚫는 불빛과 거울이 너무 가까이 있다
평범해지려고 애쓰지만
발자국 소리들 더 크게 올라탄다

충치는 문득 꺼낼 수 없는 종교처럼
들이키는 바람 타고 깊이 찌르며
집요하게 간섭한다
때로는 내 수런거림을 탐문하고
깊이 잠행하며
흔들리는 나를 몰아세운다

불자동차가 자꾸 지나가고
개떼가 뛰고 있어도
주위는 바쁘거나 심각하지 않다

가을 이파리들이 무심히 지는 두호동
폭음도 없이 비산하는
충치들의 성
11월 어느 아침 팔레스타인처럼
무너져 내린다

송현이*

저물었으나 불을 켜지 말아라

해마다 훨훨 불을 타고 떠나던 억새들과
늪 위로 미끄러져 날아오르던 쇠물닭 떼를
따라가지 말아라
햇살 속 놓아 보낸 나비들을 기다리지 마라
그들은 돌아오지 않을 것이므로
천년 동안 간직해온 너의 미소를
허투루 날리지 말아라

움직이는 음화의 세상
어머니를 찢어먹는 구릉 아래 도시로 날아간
날개들은 다시 어머니를 잉태할 것이니
아무도 기다리지 말고 어디로도 내려서지 말아라
이제 너의 터 위로 하얗게 길이 열리고
눈을 다치고 죽지가 상한 것들이
눈발 치는 벌판을 건너 날아 올 것이니

상한 무릎을 다시 접고
무릎으로 기어가야할 좁은 길들이
팔방으로 열릴 것이니
깜깜 어두워질 것이니

* 창녕 송현리 고분에서 순장된 채 발굴된 16세 가야 소녀

시월

거친 아욱국을 마시고 아침을
걸어 닫는 그녀의 골목 안은
좁고 깊다
단단하게 걸어 잠근 문틈으로
짧은 아침눈물이 삐져나오곤 했다
그녀의 기지는 꺾인 안테나와
가늘어지는 가을 소리들이 간신히 붙들고 서 있다
좁다란 통로로
몇 장의 이파리들이 고지서와 섞여 날아들었다
소환의 전령들이다
행복한 교회의 주보가 아스피린처럼
하얗게 굴러들었다 음울한 통로로
그녀가 낳아야할 아이들이
새처럼 날아오고 날리어 가는 출구로
가을은
첫사랑같이
사그랑사그랑 다가왔다

제3부

여남 바다

동빈동 연가

시장市長의 인부들이 바다 가생이를 고치고 있다
거기 오동꽃이 돌아오게 하려고
옹기전 가득 쏟아지던
꽃 잔등 다시 보기 위하여
그들의 공법이 소리를 내고 있다
바다를 오래 잡고 있던 손을 풀어 내리고
빗물과 버린 물을 발라내어
하수관거를 하고 있다

갈매기가 날아와 앉는 수문 꼭지에
등을 달고
바다가 바다로 서 있도록
그의 인부들은
여기저기 나무못을 치며
사랑이 흘러오고 흘러내릴
나무연못을 만들고 있다

풍경
— 밍크 고래

거꾸로 매달린 채
말이 없다 그는
검시가 끝나자 해체 분할되기 시작했다
꼬르륵 꼬르륵 허파에 찬 물이 내려가는 소리와 함께
공기방울이 동쪽으로 몰려가는 소리가 났다
묶인 몸을 따라왔던 갈매기가 하나씩 돌아가고
그도 어둡고 낡은 바다로 빠져나가
그에게로 돌아가고 있었다
아직은 따스한 젖몸
흩어지는 몸의 부속들 조각들 위로
찢어진 어판장 양철 지붕 사이로
유쾌한 봄볕이 뛰어내리고 있었다

바닷가 부족들은 그물을 꿰매며
다시 배를 띄워
곧 근처를 배회할 것이고
아무 일도 없었던 것처럼

어린 새우 떼들이 바람같이 몰려다니는
물목에 엎드려
푸른 바다를 해체하러 떠날 것이다

송도

새벽바람을 꺾어 쥐던 사내들 돌아와
바람과 소주에 또 지치고 있다
곤쟁이 눈을 뜨고
덜컥거리며 떠밀린 그들이
삐딱한 섬의 한쪽에 앉아
펄렁거리는 세상의 입구를 들여다보고 있다

흐르지 못하는 바다는 늘 그 자리에 맴돌고 있었지
아낙들은 무릎을 주었고
사내들은 하체를 적셨지
씨앗 가진 많은 것들이
밀려들어 간절히 빛을 모아 쥐었지만
늘 거뭇거뭇 인화되는 캄캄한 섬이었지
출구도 입구도
송도동 산 1번지였지

섬으로 가는 긴 통로는 깨지고 지워져

아무도 건너오지 않는 녹슨 계단이 되어버린
바다 새들이 허청허청 걸어 오르는 섬
일몰의 화독내 자욱이 떠오는 섬

여남 바다

짙은 해미 속 징소리가 밤새 울렸다
축항 끝 외등이 부표처럼 뿌옇게 흔들리는
오월 초사흘 밤
차일 속 여인네들이 가물가물해지는 밤을 열고
바다 뒤의 바다로
바다 밖의 바다로
스티로폼을 타고 흘러가고 있었다
함께 처박히고 뒤집어지며 물질했던
무너미 여밭
몇 뼘 그물과 통발을 내렸던
설머리 바다로 내려오는
길은 열리지 않았다

청룡도로 베고 호접부채로 부치며 간절히 부르는 길로 그들은 쉬 이르지 못했다 여밭 자망에 납줄이 걸려 죽은 해녀 승호 어미도 새벽 물 보러 나갔다 돌아오지 못한 파도횟집 조 선장도 그리운 포구로 그리 수월히 돌아오지 못했다 수산학교 언덕 너머로 불이 꺼지기 시작하는 즈음 한 접시 햇수박과 돼지머리 위로 샛바람이 돌고 두렁박 망실이 동쪽 바다로 날리어 가는 자정 무렵 그들이 왔다 칼날 진 초승달빛 묻힌 뽀오얀 발걸음으로 흔들리는 대나무 끝을 밟고 붉게 찢어진 소리로 왔다 그들의 길을 아는 죽천 아지매 설머리 할매들 몇은 졸고 포구의 전마선도 목 엮어 잠든 물가로 스르르 내려왔다 승호도 승호네도 그 소리 만지며 울고 혼을 놓고 쓰러진 월포댁을 찰랑찰랑 물결이 건드리며 운다

그 붉은 소리 금세 떠나고
수산학교 울타리 흐드러진 밤꽃 냄새
징하세도 밀려 내려와
낡은 여자들의 속곳 속으로 복장 속으로 파고드는
오월 여남 바다

동빈 바다

손끝에 늘 불안한 기류가 붙어 다니는
측후소 김 씨의 밤샘 일이 마감될 즈음
내항의 사내 몇몇 밥집으로 가고
캄보디아 청년 둘
컵라면을 들고 어창에 드는 게 보인다
뿌윰하게 밝아오는
동빈 바다

삐걱거리는 배를 몰고 피항한
그리운 항구가 내게도 있었다

뜨거운 물과 톱밥커피가 끓고 있는 항구다방
배를 매놓고 수부들이 나무계단을 오르고 있다

젊은 날 나를 매놓고
알을 낳고 싶었던 아득한 포구가 있었다

어깨를 엮은 나무배들 더듬으며
푸슬푸슬 떨어지는 아침 날빛
아직은 깊이 갇힌 새벽 바다에서
오래된 사진 몇 장을 본다

다무포

울주로 내려가는 길목
까치놀 따라 물꽃 피어오르면
바닷새들 바쁘다

고래 바다를 가만히 끌어당기는 마을
마지막 해국이 피었다 가는 거기
바람이 만드는 나라와
하얗게
영혼들이 떠나는 바다 언덕이 있다

일제히 일어서서
서쪽바다로 길 열어주는 소나무들과
자욱한 해미 속
물결 끌어당기는 포구

더 이상 충전되지 않는 바다
자박이며 걸어 나가는 바다

물 틈새 봉분이 늘어나고 수없이

눈물 편지 나르는

다무포

안개 바다

애월댁

1.

종패種貝들이 북쪽 여밭 아래

모래 벌로 옮겨가는 소리가 들렸다

밤꽃 냄새 내려오는 밤

몸꽃 진 자리가 가렵다

몹쓸

몹쓸 년의

2.

두렁박 조래기 쓸어안고 내 뱉는 거친 숨소리

그리운 그 바다는 늘 따스했고

회장저고리 끝동에서 일던

푸르른 오름 바람

망실이 가득 차오르던

청춘의 바다는 뜨거웠지

설머리 바다

가라앉고 연금되어버린 차가운 바다

거세된 바다를 건너

빛나던 첫 바다로

헤엄쳐가는 그녀

냄새 지도
— 연어

1.

그들 늑골에는
오십천 소월리 복숭아 꽃물이 묻어있다

2.

산만하지만 학습과 복종
반짝이는 질서의 시간이 있었지
골짝 복숭아꽃이 피어나던 사월
떼로 몰려다니며 순응과 기억의 칩에 매듭을 지으며
구령과 신호
냄새에 대한 신뢰가 은빛 비늘로 자라나던
수조 속 짬밥의 시간들 있었다

3.

기슭의 그늘 밟고 하구로 내려가
해오름길 이마로 밀고 가는 그들
물 벽 군데군데 오줌 갈기고

그믐달빛 물 벽에 생리 혈 바르며
어머니의 냄새 따라
길을 만들며
낮은 언덕과 하늘을 건넌다
은빛 물살 뻗어가는 거기
어머니
젖 냄새 스민 길
은하로 흐르는 길이 있다

정박*

후렴처럼 뜨거웠던
해구의 아침이 있긴 있었지
마지막 목선들
이마로 툭툭 들이받는 도시는
한 칸씩 불을 켜고
가만히 흔들리고 있다

그녀가 붙들어 맨 길과 목선의 목덜미마다
흰 눈이 소복하다
하릴없이 눈을 맞으며 포구로 내려가는 저녁이면
청춘의 숲과 뜨거웠던 바다를 생각는다
북쪽 하늘 하얗게 길을 내는
쇠기러기 떼들과
자꾸 따라오는 붉은
네온 십자가를 생각는다
아무데도 누구에게도 이를 수 없는 길이
눈 속에 갇혀있다

하염없는 결박

2월

* 전종분의 그림(유화. 75×52㎝)

김덕출

바다를 좁게 쓰는 그의
판단과 투망은 단호하여
어린 갈매기 떼를 모으고
후두둑 모감주 노란 꽃이 지는 저녁
여밭을 쓸어 담지만
그물코에 걸리는 건 바람 바람 떼 뿐

그의 바다는 쉬 잠들 수 없는
예감과 떨림으로 기립해 있지만
이제 던져 넣을 미늘은 몇 남아있지 않고
부려온 전마선도 깊이 병들어
물목 중심을 겨누는 그의 작업도
머지않아 끝나고 말 것이다

밧줄에 매달린 바다
그 첫 바다를 쥐여 주던
아버지 누우신 축항 앞은 늘 아픈 출구다

빙빙 도는 낡은 비늘
자꾸 따라붙는 젖은 노을

꺾인 허리 삐걱거리며 흐르는
낡은 그의 사원을 본다

풍경

— 김진곤

시누대 숲이 휘청한 날이면
너의 몸 어디선가
순경음 비읍 소리가 난다
웅크린 날들이었지
굴레와 넝쿨이 얽힌 기슭에서
알아듣지 못할 바다의 신호음들이 은하로 날리어 가는 것과
참종이를 찢고 나와 날개를 달던 까만 점
점선 무더기들과
싸전 마당 뺑뺑 돌며 동요연습을 했던
착한 저녁이 문득 밀려올 때면
몰개월 모래 바람에 묻어나는
너의 순경음 비읍 소리를 듣는다

집게벌레들과 중국사람 유상이 웅크렸던
흙 구멍에서 새어나오던 이상한 울음소리에
미루나무가 떠 매고 가던 여름은

가만히 길어지고
매미들이 일제히 날아오르고 떨어지던 그 해 여름
휘어지던 무지개가 우리 걸어 가야할 길이라 일러주던
강도사님도 그 휘어진 띠를 넘어가 돌아오지 않았다

아직도 늦보리 까끄라기 끝으로 햇살 쏟아지고
얼음 알갱이 굴러가는 긴 들녘에 서면
너의 온몸에서 새어나오는
비읍 순경음 소리를 듣는다

여남포 길
— 버린 개들

그들에게도 누워서 굴리던
은빛 자전거가 있었지
스마트 베이비였던 요람과 전용 샴푸와 껌
진찰권과 좌악 끼는 외출복이 있었지 유리구두도
정말이지 상팔자였지

스치는 수산학교 아이들에게 걷어 채이고
썰물에 쓸려도 아무도 뜰채를 대지 않는
폐기된 문장들이 자꾸
내 새벽 자전거를 따라온다
뽀송했던 털에 새겨진
사랑한다는 붉은 스프레이 글씨 찰랑거리며

슬렁슬렁 새벽을 나르는 바다
퀭한 눈에 피가 몰리는
그들에게 젖을 물리고
비린 사랑의 비닐과 기름때를 벗겨주는

여남바다 모서리

고욤나무

청리미 아제는 소낙비처럼 졌다
그리 떨어져 지워지고 싶다고 했다
그가 떠나던 날
까르르 웃으며 매달린
올망졸망한 고욤 알갱이들이 빗속에 빛났다
그도 나무도 언제 몸이 바뀌었는지 모른다
절반의 씨눈이 담아내던 햇살에는
늘 짧은 포물선을 물고 떨어지는 빗금이 섞여 있었다

무정란의 저녁이 길었다

빈 껍질을 뒤집어쓰고 풍성한 시간을 건넌 그를
늦은 밤 버린 나무를 흔들며 울던
그를 본 적이 있다
평생 몇 장의 숫장이 그를 가뒀다 풀곤 했지만
그는 어깨 위 문신의 푸른 날개로도
그 나무 아래를 벗어나지 못했다

끝내 나무도 아제도 유쾌한 그늘과
달짝지근한 과즙을 낳지 못했다
저 완강한 자폐 속으로
가을이 또 지나가고 있다

아구

말없이 큰 입 다물고
끝없이 말을 삼키는 청립고모를
새벽 죽도 어판장 그늘에서
다시 본다
그가 다 뱉지 못한
말의 몸을
거기서 본다

고서국밥집

착한 국밥이
경운기포터코란도카니발 순으로 나왔다
벗어놓은 신발이 자꾸 서쪽으로 밀리는
고서국밥집
뿌우연 돼지국물이
참 거시기하게 구수한데
카니발코란도포터경운기 순으로
소쇄원 가는 버스가 스치고
신발이 동쪽으로 다시 흐르는
고서국밥집

제4부

커피방앗간

소설小雪

저녁바람이 밟고 가는 숲의 서쪽에서부터
눈이 쳤다
사원은 비틀리고 조락해서 그녀는
더 이상 머물지 못하고 떠났다
문이 많은 집이었지만
늘 문 밖에 서 있었다
수없이 열리고 열리지 않는 문 밖에서
사랑의 끈들과 경건에 이르는 묵상의 시간들을
가멸 없이 사라지는 바람을
가만히 쇄골에서 빠져나가는 파문을
하얗게 날리는 눈발을 그저 바라볼 뿐이다
천천히 바람 수레를 밀고 온 사람들과
묵시의 저녁을 내려놓은 순례자들 천천히 걸어드는
동지冬至의 사원에서
흰 눈을 헤치고
소리도 없이 쑥새들이 튀어 오르고 있다

젖 창고

고이지도 흐르지도 않는
죽은 젖이 내게
둘이나 붙어있다
아무것도 흘러오지 않아 출렁거리지도 않는
이제는 납작 갇혀 버린
젖 창고

언제였던가 우습게도
돌지 않는 젖을 기다린 날들이 있었다
멀리서 흘러와 저녁 약속처럼 와 닿는
생젖 흐르는 소리를 기다렸으나
아무것도 고여 들지 않았고
더 깊이 갇혀버린
젖 창고

어머니는 말이 없고
바람소리 가만히 봉해져 있는
그의 낡은 창고가 노을에 젖고 있다

쉰

나는 잘 소비되지 않았다
신화가 읽혀지던 불의 축제
뜨거운 페이지 뒤란에서
젖은 나무토막으로 웅크린 시간들
비춰지지 않았으므로
반사되지 않았고
나는 읽혀지지 못했다

사소한 서사에도
밀려났다 캐스팅되지 못했다
햇살이 낮게 굴러와 죽었다
찰방거리는 물길을 만들며 빛이 사랑이
번질 거라 믿었다 거짓이었다
수없이 개복하고
길을 만들고 성을 쌓았다 늦은 나무를 심었다
아무 소리도 들리지 않았다 성 위에는
찢긴 깃발이 더 깊이 죽었다
나를 떠메고 가는 내가 보였다

본부

소리가 몰리는 복판
거기 웅크린 딸들이 있지

언제부턴가 광장이 무너지고
목책에 머리채가 감긴 그녀들이 가랑이를 째고 있다
아무것도 생산되지 않는
지하 벙커로 가는
미로는 차갑게 펄럭이고
광장을 건넌 딸들과 벌레들이
작은 촛불을 품고 길을 끌어당겨 찾아들고 있다
본부에 모여 본부를 찾고 있다
쉽게 공격받는 본부
그게 깨져버린 딸들은
불타오르는 도시를 버리지 못하고 운다

본부라는 술집
새벽까지 감금된 광장을 만지며 말매미처럼 우는 딸들과

그들 사이로 흐르는 소주들
어디론가 번져가는
푸르른 종양을 본다

현미

눈을 따지 않은 알갱이로
그대 좁은 뒤주에 들어
천년을 눈 뜨고 엎드렸다가
몇 홉 씨앗들과 함께
아직 푸른 눈의 설렘으로
너의 몸에 싹틔우고 싶다
먼 기다림
그 어두운 계단 다 내려갔다가
별 밝은 날
그대 아픈 영혼에 스며
한 촉 파란 불꽃
피워 올리고 싶다

보리경사京辭

— 미쓰킴

궁서宮西댁네 막내 미옥이
미끌미끌한 서울말을 했다 아침
보리 까끄라기 날리는
타작마당에서 놓아버린 서울말이
저녁답 냇가 빨래터에서 되살아나곤 했다 그 여름

결국은 거가 거고 가가 가인
월포 아제네 순임이 누나도
보리경사를 썼다
면사무소 소제와 잔일을 하며 쓰는
아질아질한 그 서울말에는
미나리꽝 풀냄새가 진했다
누니는 순임이가 아니라 미쓰김이었고
자주 제 그림자를 밟고 다녔다

보리타작이 끝나고도 마을은 자주
미끌미끌한 서울말에 미끄러지고 있었다

커피 방앗간

그녀가 빻아 내리는 커피 속에는
굵은 무쇠 바늘 지나간 길이 있다
한 땀씩 건넌 자국 위에는
시린 봄을 건너는 탱자나무 검푸른 가시
칼날 세우는 소리와
봄 사과나무 창으로 드는 바람 소리
사랑을 잃은 여자들의 눈물방울이 맺혀있다

매운 시간을 건너는 소리들 소복 스민 커피 호로록
호로록 마시다 보면
겨울 소포 같은 두툼한 누비 바다에
가만히 능선을 넘어가는 발자국 소리와
늦은 자국눈 내리는 소리 비쳐든다

겨우내 살브랑살브랑 낮은 햇살 드나든
이 오지그릇 속에도 봄이 와
곱게 4월의 문을 열어놓는 집

빗살무늬 볕살 비껴 내리는

햇살 좋은 그 집

오리 천국

낡고 녹슨 철목에 찔린
붉은 저녁의 끄트머리로
시베리아의 고단한 불빛들이 하나 둘 내려앉는다
호리虎里 못
용연농산 가생이 완고한 강철 손목들이 틀어쥐고 있다
굳게 지붕을 끌어당기며 잠든 고방 속에는
눈이 까망한 씨앗들
늦은 가을볕을 품고 엎드려 있고
청둥오리 울음소리 자욱하다

칠포바다 들녘까지 내려갔던 녀석들
좁게 열린 하늘 구석 길을 따라 올라와
수문 근처를 빙빙 돌고 있다
신광 마북 가는 막차가 지난다
물밥을 먹는 수 천 수 만의 잔등을 비추는 불빛
차가운 못을 흔들고 있다
겨울이 죽죽 늘어나고 있는

호리 못은 지금
오리 천국

표준전과

그 속에는 맨손으로
만질 수 있는 별자리와 열대우림의 악어와
쪼가리로 엮인 산맥이 있다
경의선 열차는 달려가고
석탄 매장량 세계 5위
철길 총 연장 길이가 꽂혀있고
꼬불꼬불한 리아스식 해안이 빼곡히 박혀있다
자주 공룡 뛰어다니던 꿈길이 있었는데
그 전과 속으로 열심히 달렸던 정옥이는
부산 어디 사모님이 되어있고
큰노미 용이는 구청 앞 법무사 사무실에서
전과보다 두꺼운 책을
돋보기로 들추며
세상의 길을 찾고 있다
오로지 거기 길이 있었던 시절이 있었다
모든 길이 흘러나오던 신기한
표준전과

집

사선 하나 쭈욱 그으며
저녁 딱새 날아간다
그 선을 지우며 동박새 날고
머리꼭지 흰 새가 다시 빗금을 긋고 간다
그들 반들반들한 눈빛들 스치고
출렁거리던 하늘 한쪽
팽팽하게 펴진다
종일 눈치 살피다
아치골을 내려가는 것들이
평평해진 하늘을 끌고 집으로 간다
쭈욱 따라갔다가 다시 잠잠해지는
그 무밭 너머에
나도 집이 있나
물어다 나른 종이들이
소복이 쌓여 마르는 윗목
거기 있다

두 번 죽다

초신성 폭발 후
하얀 빛으로 흐르던 선들과 작은 입방체들이 분리되어
아득히 멀어지다 다시 속까지 뻗쳐
다시 죽는 별들이 있다
죽어서 다시 태어나는 것들이 있다
그들 주검의 조각들 쏟아지던 밤이 지나갔다
모든 최후는 고요한 걸까
그 쓸쓸하고 감감함이 이어지다 반짝이기 시작했다
서쪽에서 흩어지던 은싸라기들이
다시 동쪽으로 차르르 차르르 흐르기 시작했다
은꽃이 피어났고 높게 열린 창들에서 피아노 소리가 들렸다

간절히 두 번 죽어
또 별이 되는 걸까

할머니는 열 번 죽었고

어머니는 세 번을 죽었다
그녀들의 기울어진 밭에 가을 별들이 가만히 들고 있다

소리 접기

소리상자들이 달그락 달그락 푸르다
비린 숨을 깎고 늘리고 굴리며 가는 비탈
관악반 엔진들 부르릉거리는 삼월

그 소리들이 넘어가는 아치골 등성이
늦은 동백꽃등 켜지고
그 아래 그늘로 딱새 떼 날아오는
우창서길 34
생나무 운하

소리를 굴리고 뒤집고 구부리며
접고 또 접으며
하늘로 오르는 길을 내고 있다 아이들

트롬본튜바색소폰클라리넷플루트호른트럼펫

봄 햇살 속으로 반짝거리며 날아가는

접힌 소리들

고운

사진
— 우인

모잽이로 어깨를 끼운 그들
어머니 집 벽에 붙어 서서 낡아가고 있다
한 방향으로 서서 눈 크게 뜨고
꼬옥 다운 입 매무새로 핀 꽃들
참 곱다

퍼억 터지는 플래시에 눈 감은
순자는 파란 눈 손주를 봤고
둘째 줄 왼쪽 끝 발끝을 세운
방앗간집 간난이는 아직
미쓰킴으로 남아있다

액자 가득 아직도 한쪽으로 몸 틀어 서서
따스한 마음
깨끗한 희망 흘려보내고 있는
이 저녁
어깻죽지 타고 가슴 가슴으로 번지는
석유 같은 것을 다시 본다

아이티 아이티

엄청난 물을 뒤집어쓰고 사람들은
죽은 쓰나미 껍질을 밟고 다니며
배설의 통로를 찾아 화급히
그들을 돌려보내고 있다
낮은 곳은 물로 돋우며
그 물 높이로 낮아지기도 하고
높은 곳에 또 무엇을 얹는 일을 꾸미며
거기 야자나무 아래서 곤한 잠을 잔다
포클레인으로 토작토작 물의 길을 지우는 일들과
무너진 건물 사이에서
소리를 건져내는 일들이 이어지는 동안
쓸려가 버린 사랑을
휩쓸려 가버린 하늘을 끌어당겨 일으켜 세우는
바람 속 미사가
가만히 열리고 있다

나는 놈 위에 기는 놈이

학교 울타리 호두나무, 가을 내내 이 주사가 호두를 지키고 있었다 청설모가 호두를 훔치기 시작한 것은 이 주사가 밥집 뒷방으로 화투를 치러가거나 읍내 교육청에 문서를 가지러간 사이다 이 주사는 그들을 막으려고 호두나무 중허리에 도단을 대고 그들이 올라가다 미끄러지도록 장치를 해두었으나 호두는 자꾸 없어져갔다 며칠 동안 이 주사는 잽싼 그들을 가만 가만 미행했고 마침내 그들이 호두를 묻은 흙 구멍을 찾아내 비료포대 두 개에 가득 그들의 겨울양식을 몽땅 되찾아 왔다 이 주사가 그 나무 아래서 호두를 깨기 시작한 미초초등학교에는 나는 놈 위에 기는 놈이 있는 것이다

해설

시간을 건너는 풍경

구모룡(문학평론가)

1.

시간을 거스를 수 없는 것은 인간의 조건이다. 김만수 시인은 「쉰」이라는 시를 통하여 50의 의미를 되새긴다. '하늘의 뜻을 안다' 는 나이가 50이 아닌가? 평생 시를 궁구한 시인에게 '쉰' 은 어떠한 의미를 지닐까?

나는 잘 소비되지 않았다/ 신화가 얽혀지던 불의 축제/ 뜨거운 페이지 뒤란에서/ 젖은 나무토막으로 웅크린 시간들/ 비춰지지 않았으므로/ 반사되지 않았고/나는 읽혀지지 못했다// 사소한 서사에도/ 밀려났다 캐스팅되지 못했다/ 햇살이 낮게 굴러와 죽었다/ 찰방거리는 물길을 만들며 빛이 사랑이/ 번질 거라 믿었다 거짓이었다/ 수없이 개복하고/ 길을 만들고 성을 쌓았다 늦은 나무를 심었다/ 아무 소리도 들리지 않았다 성 위에는/ 찢긴 깃발이 더 깊이 죽었다/ 나를 떠메고 가는 내가 보였다

—「쉰」 전문

"쉰"을 바라보는 시인의 시각은 한 마디로 회한에 차 있다. 소비되고 타올라야 할 청춘의 시간을 "젖은 나무토막으로 웅크린" 태도에 대한 자책과 세상 속으로 나아가 그 빛 속에서 존재의 의미를 부여하지 못한 후회가 있다. 세계 또한 자기를 수용하지 않는다. 주변으로 밀어낼 뿐만 아니라 희망의 "빛"과 사랑의 "물길"을 "거짓"이 되게 하였다. 그야말로 주체와 세계의 불화는 그치지 않는다. 그러므로 "길을 만들고" "성을 쌓고" "나무를 심었던" 과정들이 무의미하게 인식된다. "아무 소리도 들리지 않았다 성 위에는/ 찢긴 깃발이 더 깊이 죽었다/ 나를 떠메고 가는 내가 보였다"는 결구처럼 자기를 보는 시인의 시선이 가혹하다. 청춘의 강을 건너고 중년을 넘어서면서 시인이 맞는 시간은 달리 새로운 시적 계기라 할 수 있다. 자기에 대한 도저한 자책과 회한 이후에 반성과 관조가 기다리고 있기 때문이다. 더군다나 육친의 사별과 같은 경험은 삶에 대한 시인

의 시선을 더욱 깊게 한다.

2.

김만수의 제7시집 『바닷가 부족들』을 떠받치고 있는 의미망은 두 가지 풍경이다. 그 하나는 가족의 풍경이고 다른 하나는 추억이 담긴 장소의 풍경이다. 둘 모두 내면의 기억으로 남아 있는 풍경들이다. 가족이든 장소이든 시간의 마모를 견딜 수 없는 것이 사물의 이치이다. 시집의 1부는 주로 "아버지"의 말년에 대한 기억을 서술하고 있다. 인간의 시간을 접고 자연의 시간으로 가는 "아버지"를 지켜보는 시인의 심경이 곡진하다. "생의 기록과 흔적들이 감감해지는/ 그"(「자정, 메디컬 센터」에서)는 죽어가는 자의 고독마저 느끼지 못한 채 세상의 "풍경 밖으로" 가고 만다. 시인은 "푸른 산소가 더 남아있지 않은 그"(「발」에서)를 간호하면서 많은 상념에 사로잡힌다. 「발」, 「샛강」, 「11월」 등이 그렇다. 그는 "난간 바깥까지 삐져나간 발"을 보면서 "그의 발은 자꾸/ 어디로 건너가고 있는 걸까"(「발」에서)라고 묻거나 "그를 부축해 오줌을" 뉘면서 "평생을 저 꽈리 같은 물방울들 속에 갇혀/ 빙빙 떠돌다 가는"(「샛강」에서) "아버지"를 떠올리기도 한다. "푸른 바다 뒤 등기된 그의 집/ 마지막 봄을 기다리는/ 비눗방울 속/ 낡은 집 한 채/ 아버지"(「11월」에서). 시인의 "아버지"는 "따스한/ 가을빛"(「11월」에서)에도 불구하고 "더 이상 붙잡지 못할 겨울"(「샛강」에서)로 가고 만다. 시인은 이러한 아버지의 죽음을 "소포"에 비유한다. "한 번도 우체국에 들지 않았다는 그도/ 점점 통증이 휘발된 정물로 굳어지고 포장되어/ 푸른 잉크 스탬프를 맞고/ 먼 소포가 되어/ 부쳐지고 말 것이다"(「소포」에서). 여기서 은유는 감정을 절제하는 수사학적 도구이자 삶을 인식하는 시인의 태도를 반영한다.

> 문을 다 걸어 닫지 못하는 그녀/ 해질녘 골목 안으로 몰리는 낭자한 바람 속으로/ 오랫동안 그와 살면서 매달아 두었던 바람 무늬를/ 하나하나 끄집어내 그의 혹성으로 돌려보내고 있다/ 아직 벽장 속 차곡차곡 쌓여 있는 그를/ 그의 목각 오리며 쇠톱이며/ 지친 봄을 품고 건넜던 낡은 경전이며/ 잘 접힌 판초우의며 녹슨 재크나이프며/ 토끼 교미 날짜가 적힌 공책이며/ 몇 개의 오토바이 열쇠에 매달린 그 날쌘 바람의 문양들을/ 그가 다 챙겨가지 못한 시린 기포 방울을/ 매일 저녁 골목을 열어/ 낮게 드리운 노을 자락에/ 얹어 보내고 있다 어머니
>
> —「소포 2」 전문

이처럼 "소포"는 망자와 연관된 기억과 사물을 "그에게로 돌려보내는" 행위를 말하기 위하여 차용된다. 「소포 2」는 "어머니"의 입장에서 "아버지"를 보내는 과정을 표현하고 있다. 시인은 "아버지"의 죽음을 통하여 삶의 풍경을 보다 더 깊게 이해하게 된다. 이는 "아버지는 푸른 고등어였다"(「고등어」에서)는 시적 진술과도 연관된다. 윤회가 아니라 나고 죽는 것이 하나의 세계 속에 있음을 의미하고자 한다. "고요하고 고요한"(「고등어」에서) 바다는 아버지의 공간이다. 그러므로 "아버지"라는 "소포"는 "물결치는 낮은 곳으로"(「주민센터에서」에서) 되돌아간 것이다. 이 점에서 시인의 풍경 시학에서 "바다"는 다른 이미지들에 비해 우위에 있으며 이들을 포용한다.

시인이 시집의 첫머리에 "아버지"와 관련된 시편을 배치한 것은 말년의 부친에 대한 간절한 마음 때문이다. 병상에서 죽어가는 "아버지"를 지켜보면서 시인은 육친 상실의 슬픔을 드러내기보다 인간의 존재론적 조건을 사유한다. 이러한 그의 태도는 시간을 건너는 풍경 속에서 삶의 의미를 찾으려는 그의 시적 과정과도 일치한다. 그는 풍경을 대상화하지 않을뿐더러 동일화하지도 않는다. 오히려 상호 교감을 통하여 잔잔하고 고요한 의미들을 건져내려 한다. 가령 「고라니」를 예로 들 수 있다.

고라니고라니고라니/ 고라니라고 중얼거리다보면 보인다/ 보현산 참새미/ 굴러오는 물방울 더미// 저 쪽 고구마 밭머리 멀뚱하니 선 채/ 먼 하늘/ 아득히 따라가는/ 눈 맑은 수수꽃다리 너// 보급투쟁 내려온/ 어린 파르티잔 같다

—「고라니」 전문

"고라니"와 "어린 파르티잔"의 만남이 결코 낯설지 않다. "굴러오는 물방울 더미"며 "눈 맑은 수수꽃다리"와 같은 이미지들이 연결되고 있기 때문이다. 아마 "보현산"은 "파르티잔"의 기억을 간직하고 있을 것이다. 시인이 그것을 서술하고자 하였다면 이토록 간결한 서정시가 되지 않았을 것이다. 시인은 "고라니"가 출몰하는 "보현산"의 풍경 속에서 삶의 흔적과 잔상을 잔잔하고 경쾌하게 불러오고 있다. 그런데 이러한 「고라니」가 다시 읽히는 것은 「담」이 있는 탓이다. "아버지 평생 담을 쌓아 올리는 동안/ 세상 끄트머리에는 자주 격문이 나붙었다"로 시작하는 이 시에서 주목되는 대목은 "아령 들며 키를 키운 형은/ 어느 봄 여자의 담장이 되어 떠나고 나는/ 해마다 낮아지던 그 가지에 올라/ 붉은 구호가 팔랑거리는/ 알록달록한 세상의 하체를 보았다 깊고/ 높았다"(「담」에서)이다. 여기서 "붉은 구호"는 「고라니」의 "파르티잔"과 무연하지 않다. "담"이라는 경계가 낮아지거나 해체되고 다시 쌓아 올리는 과

정은 한국전쟁 당시의 정황을 떠올리게 한다. 이러한 정황이 가족사나 지역사에 어떠한 형태로 내재해 있는지 나로서 알 길이 없다. 그럼에도 시인은 풍경의 이면에 있는 기억의 잔영을 일깨운다. 그리고 이러한 잔영은 "형은 왜 깃발이라는 말을 횟집 앞에 붙였을까"라는 물음을 던지고 있는 「깃발횟집」에서 겹쳐진다. 물론 "파르티잔", "붉은 구호", "깃발"은 서로 무연한 관계일 수도 있다. 그럼에도 한 시인의 시세계 안에서 일정한 연상효과를 불러오고 있는 것은 틀림이 없다. 이러한 해석은 풍경을 기억의 색인과 연관시키는 시인의 일관된 시법에서 비롯한다. 물론 「사진 — 우인」과 같은 경우는 매우 구체적이다. 시인은 "사진"을 통하여 "액자 가득 아직도 한 쪽으로 몸 틀어 서서/ 따스한 마음/ 깨끗한 희망 흘려보내고 있는/ 이 저녁/ 어깻죽지 타고 가슴 가슴으로 번지는/ 석유 같은 것을 다시 본다". 이러한 감정양식이 매우 직접적이라는 것을 달리 말할 필요가 없을 것이다. 이와 달리 암시된 표현에 있어서도 시인은 기억을 전제한다.

빈 껍질을 뒤집어쓰고 풍성한 시간을 건넌 그를/ 늦은 밤 버린 나무를 흔들며 울던/ 그를 본 적이 있다/ 평생 몇 장의 솟장이 그를 가뒀다 풀곤 했지만/ 그는 어깨 위 문신의 푸른 날개로도/ 그 나무 아래를 벗어나지 못했다/ 끝내 나무도 아제도 유쾌한 그늘과/ 달짝지근한 과즙을 주지 못했다/ 저 완강한 자폐 속으로/ 가을이 또 지나가고 있다

—「고욤나무」 부분

이 시에서 "고욤나무"와 "아제"의 사건은 연결되어 있다. 이는 "아구"의 "그가 다 뱉지 못한 말의 몸을" 보면서 "말없이 큰 입 다물고/ 끝없이 말을 삼키던 청림 고모를"(「아구」에서) 연상하는 일과 크게 다르지 않다. 이러한 점에서 김만수의 시에 등장하는 사물들은 역사성과 현실성을 지닌다. 그런데 김만수의 시적 지평은 동심원적이다. 먼저 자아에 대한 성찰이 있고, 가족과 이웃의 삶에 대한 이해가 있다. 그리고 이러한 이해를 바탕으로 그의 시는 마을과 바다로 지평을 확장한다. 특히 "마을"은 그의 시에 긴장을 더하는 좌표라 할 수 있다. 그의 시는 주체의 나르시시즘으로 회귀하지 않을 뿐만 아니라 초월적인 심연으로 귀화하지도 않는다. 주체와 무한한 지평인 "바다" 사이에 "마을"이라는 지향이 있기 때문이다.

차갑고 낡은 등걸에 몸 맡기고/ 살의 온기를 뽑아주는 어린 나비/ 몸속 깊이 감아온 실타래 가만히 풀어/ 낡고 싸늘한 나무의 품을 맑은 살내로 친친 감아주고/ 차가운 젖몸으로 새벽을 헤쳐 나오는/ 나비 한 마리// 온 몸이 부어

올라/ 어혈과 독이 퍼지는 섶을 여미고/ 찢긴 죽지를 쓸어 안고 우느냐/ 나루로 내려가는 노새를/ 달랑거리는 그 놋종소리를/ 푸르른 강가를 찌르는 물총새 울음소리를/ 따라 가거라/ 거기 환한 빛 타래 내리는/ 그리운 유목의 마을이 있어 따뜻한/별들에게로 가는 통로가 열릴 것이니

—「동녀童女 — 여울이」 전문

이 시의 주인공인 "동녀"는 "여울이"라는 이름을 지닌 구체적인 인물이다. 단순하게 민가의 여자 아이를 지칭하는 것이 아니라 출가하기 전에 절에서 일하는 여자 아이임이 분명하다. 이러한 "동녀"를 바라보는 시인의 시각은 세 가지 의미의 층위를 나타낸다. 그 첫째는 세속의 고난이다. 몸과 마음의 상처를 안은 그녀에게 시인은 "그리운 유목의 마을"로 갈 것을 주문한다. 여기서 시인이 제시하는 둘째 의미인 "마을"이 등장한다. 그리고 마지막 셋째 의미는 "별들에게로 가는 통로"이다. 셋째는 당장 실현 가능한 일이 아니다. 무엇보다 둘째의 "마을"에 이르는 일이 중요하다. 이 시를 통하여 "환한 빛 타래 내리는/ 그리운 유목의 마을"이 시인의 시적 지향을 뜻한다고 해석해도 무리가 없을 것이다. "마을"에 대한 시인의 관심은 여타의 시에서도 빈번하다. 「동피랑」에서 그가 인식하는 것도 "마을"이 희망의 처소라는 것이다. "굽이진 회랑을 올라와/ 마을을 채

우며 사람들이 돌아와/ 젖은 꽃잎을 끌어당겨 덮고 잠들고 있다"는 대목에서 위안과 평화를 느끼게 한다. 그러므로 "자꾸 따라가며 내리는 비/ 서늘한 잔해처럼/ 색깔 그늘을 조금씩/ 확장시키고 있다"(「동피랑」에서)는 마지막 구절이 비애로 귀착하지 않는다. 오히려 확장되는 "색깔 그늘"은 시의 모두에 진술된 "울렁이는 봄"의 다른 모습이라 할 수 있다. 「동피랑」이 "해마다 꺾어내 던진 불온한 통증들"을 지닌 여행자에게 다가온 풍경이라면 「동빈동 연가」는 마을을 만들고 있는 "인부들"의 노동을 노래하고 있다. 그 어느 경우든 마을에서 행복과 희망을 찾고 있는 시인의 지향을 암시한다고 보아도 과언은 아닐 것이다.

그 숲의 빈 곳은 가만히 화려하다/ 잔잔히 흔들리기도 하고/ 지독한 남루를 껴입고 비에 젖기도 하면서/ 차가운 경계의 저편에 끼어드는/ 시린 욕망의 바다를 건너 바람처럼 와 닿는 새/ 눈 속의 새를 날려 보내는 숲에서/ 가슴 속 블라인드를 내리고/ 섶을 여미고 불을 끄는 그녀// 솟대에 걸리던 구름 그림자/ 파동 쳐오는 징소리를 실은 발굽과 바퀴들이/ 햇살 속으로 멀어져갔다/ 다시 차가움이 뻗치는 마을을 향해/ 길이었던 길을 오르고 있다/ 간절히 빈 곳은 스러지지 않을 것이다/ 한 번도 채우지 않았으므로/ 꽃 피지 않았고/ 없는 꽃들의 그림자들이/ 빈 사서함에 가득

차오르는 저녁/ 슬며시 소매에 따라붙는/ 시린 바람 한 떼를 바라보고 있다

—「가을 저녁」 전문

이 시에서 "그 숲의 빈곳"은 "다시 차가움이 뻗치는 마을"의 이미지와 연결된다. 시인은 "마을을 향해/ 길이었던 길을" 가고 있다. 시 속의 정황으로 볼 때 "마을"은 이미 사라져 "지독한 남루를 껴입고" 있다. "솟대에 걸리던 구름 그림자/ 파동 쳐오는 징소리를 실은 발굽과 바퀴들이/ 햇살 속으로 멀어져" 간 것이다. 그러나 "마을"이 있던 장소는 "가만히 화려하다". 시인은 "간절히 빈 곳은 스러지지 않을 것이다"라고 생각하면서 '장소의 혼'을 느낀다. "숲"은 여전히 신성하고 "마을"은 오래된 미래이다. 시인에게 "마을"은 기억에 내재된 장소이자 미래로 이끄는 공간이다. 김만수의 시에서 이러한 "마을"의 이쪽과 저쪽에 숲과 바다가 있다. 모두 추억을 구성하는 사물들로 심경의 응축과 확장을 가능하게 한다. 인용한 시의 "숲"처럼 "바다" 또한 시인의 시적 원형으로 자리하고 있다. "차가운 경계의 저 편에 끼어드는/ 시린 욕망의 바다"는 시인의 시적 현실 속에 여전히 요동친다.

삐걱거리는 배를 몰고 피항한/ 그리운 항구가 내게도 있

었다// 뜨거운 물과 톱밥커피가 끓고 있는 항구다방/ 배를 매놓고 수부들이 나무계단을 오르고 있다// 젊은 날 나를 매놓고/ 알을 낳고 싶었던 아득한 포구가 있었다// 어깨를 엮은 나무배들 더듬으며/ 푸슬푸슬 떨어지는 아침 날빛/ 아직은 깊이 갇힌 새벽 바다에서/ 오래된 사진 몇 장을 본다.

—「동빈 바다」 부분

이처럼 바닷가 마을은 시인이 지닌 원체험의 공간이다. 심연에 깃든 기억은 고통과 환희를 함께 지닌다. "젊은 날 나를 매놓고/ 알을 낳고 싶었던 아득한 포구"는 단지 추억의 대상으로 남지 않는다. "아직은 깊이 갇힌 새벽 바다"라는 구절이 암시하듯이 시인의 시적 지평 속에 내재해 있다. 시인은 "오래된 사진 몇 장"이 주는 과거의 자기 동일성에 매달리지 않으며 그 이면에 음화처럼 남겨진 희망의 징후들을 다시 인식한다. 이러한 대목에서 우리는 김만수 시인의 개성과 시적 의지와 만나게 된다. 그는 "더 이상 충전되지 않는 바다" 곁에서도 "고래 바다를 가만히 끌어당기는 마을"을 생각한다. 그리고 이 "마을"에서 "마지막 해국이 피었다가는 거기/ 바람이 만드는 나라와/ 하얗게/ 영혼들 떠나는 바다 언덕"(「다무포」에서)을 그리게 된다. 간혹 기억의 잔해만 남은 풍경이 없는 것이 아니다. 하지만 시인은 그러한 잔해 더미 속에서 삶의 "통로"를 찾으려는 노력을 포기하지 않는다. "섬으로 가는 긴 통로는 깨지고 지워져/ 아무도 건너오지 않는 녹슨 계단이 되어버린/ 바다 새들이 허청허청 걸어 오르는 섬/ 일몰의 화독내 자욱이 떠오는 섬"(「송도」에서). 이를 전망의 상실이라고 할 수 있을까?

3.

시인이 선 자리는 이중의 바탕을 지니고 있다. 폐허를 향하여 꺼져드는 풍경과 이러한 풍경 속에 깃든 먼 곳에 대한 기투가 그것이다. 가령 "여남 바다"는 이러한 이중성을 잘 간직한 장소이다. "설머리 바다로 내려오는/ 길은 열리지" 않았지만 "그 붉은 소리 금세 떠나고/ 수산학교 울타리 흐드러진 밤꽃 냄새/ 징하게 밀려 내려와/ 낡은 여자들의 속곳 속으로 복장 속으로 파고드는/ 오월 여남 바다"(「여남 바다」에서). 내력을 지닌 풍경은 존재를 추동하는 힘을 지닌다. 시인은 장소의 혼이 살아있는 곳에서 행복과 위안을 느끼고 장소가 사라진 곳에서 현실에 대한 분노와 새로운 의지를 되찾는다. "청춘의 바다"가 "거세된 바다"가 되고 "이제는 가라앉고 연금되어버린 바다/ 빛나는 첫 바다에 대해/ 주저앉은 시간들에 대해 답하지 않는다"(「애월댁」에서)고 하더라도 "빛나는 첫 바다"에 대한 기억은 쉽게 소멸하지 않는다. 거기에 "어머니/ 젖 냄새 스민 길/ 은하로 흐르는 길"(「냄새 지도 — 연어」에서)이 있기 때문이다.

후렴처럼 뜨거웠던/ 해구의 아침들이 있긴 있었지/ 마지막 목선들/ 이마로 툭툭 들이받는 도시는/ 한 칸씩 불을 켜고/ 가만히 흔들리고 있다// 그녀가 붙들어 맨 길과 목선의 목덜미마다/ 흰 눈이 소복하다/ 하릴없이 눈을 맞으며 포구로 내려가는 저녁이면/ 청춘의 숲과 뜨거웠던 바다를 생각는다/ 북쪽 하늘 하얗게 길을 내는/ 쇠기러기 떼들과/ 자꾸 따라오는 붉은/ 네온 십자가를 생각는다/ 아무데도 누구에게도 이를 수 없는 길이/ 눈 속에 갇혀있다// 하염없는 결박/ 2월

— 「정박」 전문

"전종분의 그림"이 대상이 된 시이지만 추억의 공간이 지닌 함의를 잘 드러내고 있는 것으로 보인다. 현실은 유년과 청춘의 장소들을 결박하거나 폐허로 만들지만 그 속에는 여전히 "아무데도 누구에게도 이를 수 없는 길"이 있다. 시인은 이미 "낡은 사원"(「김덕출」에서)이 된 바다에서 아

직 남은 희망을 찾으려 한다. "바닷가 부족들은 그물을 꿰매며/ 다시 배를 띄워/ 곶 근처를 배회할 것이고/ 아무 일도 없었던 것처럼/ 어린 새우 떼들이 바람같이 몰려다니는/ 물목에 엎드려/ 푸른 바다를 해체하러 떠날 것이다"(「풍경 — 밍크 고래」에서). "바닷가 부족들"이 사는 시원의 마을은 변함없이 바다를 유영하는 "푸른 고등어"처럼 김만수 시인의 시적 지평 속에 여전히 남아 희망과 행복의 공간을 상상하게 한다. 상상은 변화를 지속하게 한다. 김만수 시인은 이 시집을 통해 고요하고 잔잔한 목소리로 다시 자신의 시적 지평이 확장되고 있음을 증거하고 있다.